ARCHÄOLOGISCHER ABRISS

von
ROGER GROSJEAN
Centre National de la Recherche Scientifique
Leiter des Centre de Préhistoire Corse
und der Ausgrabungen von Filitosa

Titel der Originalausgabe :
Filitosa, haut lieu de la Corse préhistorique
Übersetzung von Dr. Lotte Komma

FILITOSA

Hochburg
des
prähistorischen
Korsika

Photographien vom Verfasser
Karten und Pläne von P. PIRONIN, Architekt im C.N.R.S.

SAMMLUNG: PROMENADES ARCHÉOLOGIQUES 1

Inhalt

	Seite
Allgemeines über die Vorgeschichte Korsikas	5
Geschichtliches über die Forschungen im Taravo-Tal ...	6
Archäologische und chronologische Folge	8
Die Bedeutung von Filitosa in der Vorgeschichte Korsikas	13
Anfahrtswege nach Filitosa	13
Besichtigung der Fundstätte und ihres Centre de documentation	18-31
Plan des befestigten Hügels von Filitosa	16-17
Plan des Centre de documentation der Fundstätte	31
Bibliographie	32

Geographische Lage von Filitosa und Zufahrtswege auf der Rückseite des Umschlags

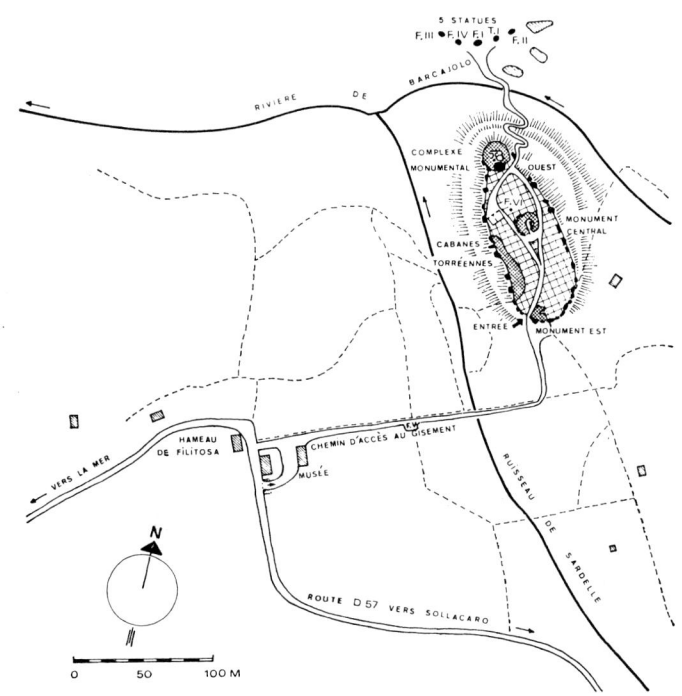

Abb. 1 - Filitosa. Plan zur Besichtigung der Fundstätte.

Rivière de Barcajolo : Barcajolofluss.
Ruisseau de Sardelle : Sardellebach.
Complexe monumental ouest : westl. Monumentkomplex.
Cabanes torréennes : torreanische Hütten.
Monument central : Zentralmonument.
Entrée : Eingang.
Monument est : Ost-Monument.

Chemin d'accès au gisement : Weg zur Fundstätte.
Musée : Museum.
Hameau de Filitosa : Weiler Filitosa.
Vers la mer : zum Meer.
Route D 57 vers Sollacaro : Strasse D 57 nach Sollacaro.
5 statues : 5 Statuen.

ALLGEMEINES ÜBER DIE VORGESCHICHTE KORSIKAS

In seinem Reisebericht über Korsika hatte Prosper MÉRIMÉE 1840 dazu aufgefordert, die prähistorischen Zeugnisse der Insel zu erhalten und zu erforschen. Ein Jahrhundert lang waren jedoch nur wenige Archäologen seinen Anregungen gefolgt. Man glaubte bis vor zwanzig Jahren, dass Korsika arm sei an archäologischen Spuren aus allen Epochen seiner Geschichte und Vorgeschichte. Jetzt weiss man, dass dies nicht der Fall ist. Mit dem gleichen Recht wie die übrigen Inseln des westlichen Mittelmeers — Malta, Sizilien, Sardinien und die Balearen — kann sich Korsika heute ausserordentlich interessanter Besiedlungen rühmen, die in ihrer Folge sehr wichtige Fundstätten und Steinmale hinterlassen haben. Im Laufe ihrer Freilegung und Erforschung erweisen sich diese Funde sogar als die Spuren inseleigener vor- und frühgeschichtlicher Kulturen. Einige dieser für Korsika besonders charakteristischen Erscheinungen, z. B. seine erstaunlichen *Menhir-Statuen* und seine *torreanischen Bauwerke*, legen davon ein sehr deutliches Zeugnis ab.

Die vor- und frühgeschichtlichen Fundstätten und Steinmale sind über die ganze Insel verstreut, jedoch in den Gebieten südlich der Linie Ajaccio-Solenzara am dichtesten und interessantesten. Man kann sagen, dass das Sartenais für Korsika die gleiche Bedeutung hat wie das Vannetais für die prähistorische Bretagne.

Abb. 2 - Luftbild der Fundstätte von Filitosa.

GESCHICHTLICHES ÜBER DIE FORSCHUNGEN IM TARAVO-TAL (1)

Vor 1954:

Nach unserer Kenntnis gibt es seit 1810 Texte, die von den Forschungen im Taravo-Tal berichten. Dann veröffentlichte Prosper MÉRIMÉE nach der Rückkehr von seiner Korsikareise eine ausgezeichnete Beschreibung des Taravo-Dolmens (Sollacaro) sowie seines charakteristischen Alignements (Steinallee). Der Dolmen ist heute fast vollständig zerstört. Von den Menhiren und Menhirstatuen des Alignements sind nur noch zwei Monolithe ganz erhalten. Das ist ungefähr alles, was im 19. Jahrhundert im Taravo-Tal bekannt war. Erst 1937 machte M. MAESTRATI auf die Menhirstatue « Der Paladin » am rechten Ufer des Taravo (Serra-di-Ferro) aufmerksam, die wir wieder an ihrem Fundort aufgestellt haben.

In der Nähe des Weilers Filitosa, auf dem Grundstück von Charles-Antoine CESARI, waren vier grosse, zu menschlicher Gestalt behauene Steine, mit dem Gesicht nach unten liegend gefunden worden, die man ebenfalls « I Paladini » (Die Paladine) nannte. Herr Charles-Antoine CESARI scheute keine Mühe, diese Steinmale bekannt zu machen, damit

---

(1) Zusammenfassung der Veröffentlichungen, deren auszugsweise Bibliographie auf S. 32 zu finden ist.

ihr Alter und ihr Zweck festgestellt werden konnten. Gelegentliche, einmalige Begutachtung durch die seltenen Besucher der Fundstätte machte dies vorher nicht möglich.

Seit 1954:

Mit der methodischen und systematischen Erkundung der Insel, vor allem des Taravo-Tales, nahmen die vor- und frühgeschichtlichen Forschungen auf Korsika seit 1954 einen neuen Aufschwung. Sie leiteten damit ein langfristiges Grabungs-Programm ein, das bis heute noch nicht abgeschlossen ist (2). Zu Beginn dieses Abschnittes machten wir uns an die Erfassung zahlreicher neuer Steinmale und Fundstätten sowie an das Studium der vier ersten Menhir-Statuen von Filitosa. Nachdem wir sie umgedreht hatten, entdeckten wir zum ersten Mal, dass die Statuen im Süden Korsikas sehr oft skulptierte Waffen zeigten. Dann erkannten wir ausserdem die enge Beziehung der Menhirstatuen zu einem benachbarten Hügel, auf dem wir mit Herrn CESARI Spuren von Steinmalen und Befestigungen fanden. Dieser Hügel sollte sich später als eine archäologische Hochburg, ein Mikrokosmos des vor- und frühgeschichtlichen Korsika und ein Kleinod des alten Erbes der Insel erweisen.

Durch klassische Methoden zur Erforschung des Siedlungsinventars (3) der Schichten, der übereinandergelagerten und wiederverwendeten Steinmale sowie durch die Bestimmung des Alters der verschiedenen zahlreichen Besiedlungen mit Hilfe von Radiokarbondatierungen an Holz kohle aus den Feuerstätten, war es uns möglich, die Kulturen und Zivilisationen zu ordnen, die lange vor unserer Zeitrechnung und dem Gebrauch der Schrift im Okzident auf Korsika und im Taravo-Tal gelebt und sich weiter entwickelt hatten oder unverändert geblieben waren.

---

(2) Diese archäologischen Arbeiten werden gelegentlich vom Département de la Corse (Conseil Général), vom Service du Patrimoine archéologique du Ministère des Affaires Culturelles und von Herrn C. A. CESARI subventioniert. Herr CESARI, der als Besitzer des Grundstücks die Fundstätte betreut, ist zugleich der Promotor des Baues und der Ausstattung des Centre de documentation von Filitosa.
(3) Allgemeiner Ausdruck zur Bezeichnung von Gegenständen aus Keramik, Stein und Metall, die hergestellt, getragen und gebraucht wurden.

Abb. 3 - Filitosa. Das zentrale torreanische Kultmonument auf dem Gipfel des Hügels nach seiner äusseren Freilegung (1956). In seiner Ringmauer befinden sich noch die Bruchstücke wiederverwendeter Menhirstatuen.

ARCHÄOLOGISCHE UND CHRONOLOGISCHE FOLGE

In diesem kurzen archäologischen Abriss halten wir uns der Klarheit und des Verständnisses wegen nur an die drei grossen Hauptepochen, welche die lange Zeit der Besiedlung von Filitosa kennzeichnen. Die Unterteilungen jeder dieser drei Epochen werden nur kurz angeführt, die auf der Fundstätte nicht vertretenen Epochen bleiben unerwähnt.

Die *Epoche 1* von Filitosa ist die des Neolithikums, das sich über mehrere Jahrtausende erstreckt und mindestens eine der Insel eigene Kultur aufweist. Das frühe Neolithikum ist in Filitosa durch den Gebrauch einer der ältesten Keramiken gekennzeichnet und bezeugt dadurch die Ankunft der ersten Siedler an dieser Stätte zu Beginn des sechsten Jahrtausends v. Chr. Das Neolithikum dauerte auf Korsika und in Filitosa bis zum Ende des 2. Jahrtausends v. Chr. und duldete ohne einen Bruch der Tradition neue Ankömmlinge. Diese neuen Siedler brachten Techniken und Kulturen, vielleicht sogar ethische Elemente mit, die man den Trägern der Kupfer- und Bronzekultur zuschreibt. Erst unter dem Vorstoss der Torreaner verschwand das Neolithikum in seiner Endphase aus dem Süden der Insel. Die Torreaner waren Seeleute, Konstrukteure, Krieger und Eroberer der Bronzezeit zwischen 1600 und 1400 v. Chr.

Abb. 4 - Die ersten Fragmente von Kunstwerken, die aus den Trümmern des zentralen torreanischen Kultmonuments freigelegt wurden (1956). Links Filitosa VIII und die berühmte Statue Filitosa IX; ganz rechts Filitosa X.

Abb. 5 - Freilegung (1959) der wiederverwendeten Statue Filitosa XIII sowie zahlreicher weiterer Statuen-Fragmente in der Ringmauer des Zentralmonuments.

Bis zu diesem Zeitpunkt lebten die Hirten und Ackerbauer der neolithischen Phasen Korsikas verhältnismässig in Ruhe und mussten sich wahrscheinlich noch nicht auf befestigten Höhen und in Verteidigungsanlagen zusammenscharen.

Die *Epoche 2* von Filitosa ist die auffallende und glänzende Epoche der erstaunlichen künstlerischen Entwicklung während der Endphase (um 1400 v. Chr.) der korsischen Megalithkultur (4). Seit dem Ende des 4. Jahrtausends fand die mächtige religiöse Strömung, die sich in den klassischen Grabmälern der Steinkistengräber, Dolmen und Menhire offenbarte, auf Korsika in der Bevölkerung des noch andauernden Neolithikums einen ausserordentlich aufnahmebereiten und entwicklungsfördernden Boden. Im Laufe der Perioden, die wir Megalithikum I und II mit ihren Phasen A, B und C sowie ihren Stadien 1, 2 und 3 nennen, zeigte sich die langsame Weiterentwicklung zunächst in den Grabmälern aus geformten und geglätteten Platten und in den aufrechtstehenden, zu Dutzenden aneinandergereihten, zu menschlichen Umrissen behauenen Monolithen von 2 bis 4 Meter Höhe (protoanthropomorphe Darstellung). Im Stadium 4, um die Mitte des 2. Jahrtausends, also im End-Neolithikum, wird diese Entwicklung in der harmonischen Entfaltung der Menhir-Silhouette zum anthropomorphen Menhir deutlich, der sich dann endgültig zur unbewaffneten und schliesslich zur bewaffneten Menhir-Statue wandelt. Dieses künstlerische Stadium, das tief in einem uns noch unbekannten

---

(4) Genauer gesagt handelt es sich um eine religiöse Strömung, die sich über die ganze Welt ausbreitete, jedoch zu bisweilen sehr verschiedenen Zeiten und unter sehr verschiedenen Formen. Deshalb dürfen wegen der insularen Entwicklungsphänomene nicht alle megalithischen Monumente Korsikas streng mit denen ausserhalb dieser Insel verglichen werden.

Kult verwurzelt ist, kennzeichnet die Epoche 2 von Filitosa. Wenn auch der Beginn der megalithischen Kultur der Insel in Filitosa sich kaum bemerkbar macht, während er an anderen Stellen des Taravo-Tales deutlich bezeugt ist, so gibt doch die besonders reich vertretene Epoche 2 einen sehr guten Aufschluss über die Fundstätte von Filitosa. Sie beweist, dass der bildlose Menhir und die korsische Menhirstatue bei den Urkorsen die gleiche kultische Bedeutung hatten und dem selben Zweck dienten. Sehr wahrscheinlich wurden in beiden Verstorbene als ewige Erinnerungsmale eines uns unbekannten Kults dargestellt, dem die megalithischen Künstler und *nicht die* Abgebildeten huldigten.

Mit einigen Statuen und vor allem mit der beachtenswerten Statue Filitosa IX (Abb. 4 u. 15) erreicht das künstlerische Stadium dieser frühen, als « barbarisch » bezeichneten Epoche seinen Höhepunkt.

Das grosse Ereignis, das unleugbar die Epoche 3 von Filitosa kennzeichnet, war das Eindringen einer fremden, von uns als « torreanisch » bezeichneten Kultur in den Süden Korsikas. Kurze Zeit danach stellten die Statuen der südlichen Inselhälfte ausschliesslich die torreanischen Eroberer mit ihren in Basrelief skulptierten Waffen — Schwertern und Dolchen des mediterranen Typs — dar. In diesem Stadium kriegerischer Auseinandersetzung wurde Filitosa stark befestigt.

Unserer eigenen westlichen Kultur widerstrebt die Vorstellung, dass man dem besiegten Feind ein Ehrenmal errichten könnte. Es ist vielmehr die Geisteshaltung einer Hirtenkultur, die sich in der Verherrlichung des Gegners äussert, um seine Macht zu bannen.

Wie dem auch sei, dieser Konflikt regte den Geist der Urkorsen zu künstlerischem Schaffen an. Ihr Werk, das sie vor 3 500 Jahren (5) vollbrachten, zeigt zwar noch symbolische und schematische Züge, kündigt jedoch schon Realismus und Naturalismus an. Zum erstenmal in Westeuropa geht die monumentale Bildkunst um viele Jahrhunderte den archaischen griechischen und etruskischen Statuen voraus.

Die *Epoche 3* von Filitosa ist die der Besetzungszeit der Anhöhe durch die Torreaner. Die Kultur dieser Menschen - in Sardinien « nuragisch », auf den Balearen, « talayotisch » genannt - ist trotz aller Spuren auf diesen Inseln des westlichen Mittelmeers noch immer sehr geheimnisvoll. Man kann die Torreaner nur als eines der « Seevölker »

---

(5) Zur weiteren Information über diese insulare megalithische Kunst sei auf die Broschüre Nr. 2 « Mégalithes et Statues-menhirs corses » verwiesen.

werten. Die eingeborenen megalithischen Künstler der Insel haben sie so treffend dargestellt, dass wir mit Hilfe der reichlichen Einzelzüge ihrer Identifizierung wesentlich näher gekommen sind. Der gehörnte Helm, der rippenförmige Brustharnisch, die Schutzpanzer, die Formen der abgebildeten Waffen entsprechen denen der Shardanen. Nur noch ein einziges Mal sind sie genauso getreu dargestellt, nämlich von den Ägyptern auf ihrem Tempel von Medinet-Habu. Diese Skulptur erinnert an den Seesieg der Ägypter zu Beginn des 12. Jahrhunderts v. Chr. über die gleichen Eindringlinge.

Die Anzeichen des schweren Kampfes zwischen den Fremden der Bronzezeit und den noch zum Neolithikum gehörenden Einheimischen, die Zerstörungen aus der Zeit der Besetzung im Süden der Insel, die mächtigen zyklopischen Kult- und Wehranlagen der Sieger, die auf den Fundstätten gefundenen Spuren von Siedlungsinventar, all dies genügt nicht, um genau angeben zu können, woher die Eindringlinge kamen, wohin sie sich wendeten, welche Insel sie zuerst besetzten. Sie sind und bleiben die geheimnisvollen Shardanen, eines der nicht weniger geheimnisvollen und mächtigen «Seevölker» aus der 2. Hälfte des 2. Jahrtausends v. Chr.

Vor und nach ihrem totalen Sieg über die korsischen Megalithiker, die sie aus ihrem Lieblingsgebiet vertrieben, bauten sie ihre gewaltigen Zitadellen und Festungen an bestimmten strategischen Punkten. Ihre 6-8 m hohen

Abb. 6 - Graphische Rekonstruktion eines typisch torreanischen Kultmonuments.

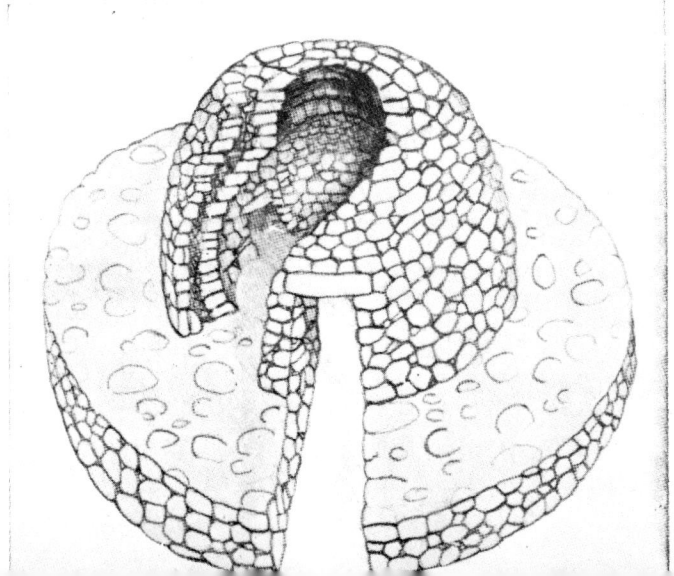

Abb. 7 - Rückansicht der Statue Scalsa-Murta, die zu den typischsten Darstellungen von torreanisch-shardanischen Kriegern gehört und jetzt im Centre de documentation von Filitosa ausgestellt ist.

kultischen Rundbauten errichteten sie auf Anhöhen, damit sie gesehen und geachtet wurden. Die Gänge dieser Kultmonumente waren mit wagrechten Platten bedeckt und die Hauptkammer von einer Pseudokuppel überwölbt (Abb. 6).

Die torreanische Kultur blieb auf Korsika in ihrem archaischen Stadium stehen (6). Sie ist ausserordentlich wichtig für die Kenntnis der mächtigen nuragischen Kultur Sardiniens und der Tausenden von Nuragen, die von der 2. Hälfte des 2. Jahrtausends bis zum Höhepunkt dieser Kultur — in der 1. Hälfte des 1. Jahrtausends — auf der Schwesterinsel erbaut wurden.

---

(6) *Zur eingehenderen Information über die Niederlassung und den Aufenthalt dieser Eindringlinge auf der Insel sei auf die in der gleichen Sammlung erschienene Broschüre « Promenades Archéologiques 3 — Torre et Torréens, Age du Bronze de l'Ile de Corse » verwiesen.*

DIE BEDEUTUNG VON FILITOSA
IN DER VORGESCHICHTE KORSIKAS

Es ist jetzt erwiesen, dass Filitosa während seiner Epoche 2 das grosse Zentrum der künstlerischen Megalithkultur war, deren Einflussbereich sich über den ganzen Süden und die südliche Ostküste der Insel erstreckte.

Mit ungefähr zwanzig Statuen umfasst Filitosa die Hälfte aller auf Korsika gefundenen bewaffneten Menhirstatuen. Man wird nie wissen, in welcher Ornung diese Steinmale auf der Fundstätte während der voll entfalteten Epoche 2 aufgestellt waren, da sie von den torreanischen Eroberern zerstört wurden. Sie warfen die Statuen um und zerschlugen sie, um keinerlei Spuren von den Glaubensvorstellungen ihrer Vorgänger übrig zu lassen. Filitosa ist die einzige Fundstätte auf Korsika, die beweist, dass die Statuen älter sind als die torreanischen Bauwerke, denn es ist der einzige Ort, an dem die Fragmente der Steinsäulen von den Torreanern als Baumaterial für ihre auf der Mitte des Hügels errichtete Kultstätte verwendet wurden (Abb. 3, 4, 5). Wir haben diese Bruchstücke der künstlerischen Menhir-Statuen in der äusseren Umfassungsmauer des Monuments gefunden, das durch Radiokarbondatierungen auf die Zeit von 1300 v. Chr. datiert wird. Zur besseren Betrachtung haben wir sie oberhalb ihrer Fundstelle wieder aufgestellt.

Der Hügel von Filitosa hat mit seinen drei Monumenten und seinem torreanischen Dorf ein Viertel aller Einsichten und Forschungsergebnisse über die torreanische Kultur auf Korsika gebracht. Diese Kultur schuf an die hundert uns bekannter Denkmäler, bis sie dahin schwand oder sich mit der antiken Volkskultur der Urkorsen vereinigte (um 800 v. Chr.).

ANFAHRTSWEGE NACH FILITOSA
(Siehe auch Rückseite des Umschlags)

Der Taravo entspringt oberhalb des col de Verde (R. N. 194, 1 283 m), auf den Hängen des Monte Grosso (1 898 m). Ober- und Mittellauf liegen in einer Talenge. Erst bei der Brücke von Calzola (R. N. 851) beginnt der Fluss, fruchtbares Schwemmland zu bilden. Im Norden des Golfes von Valinco, zwei Kilometer von Porto-Pollo, mündet er ins Meer.

Die wichtigsten Strassen quer zum Flusstal sind die R. N. 196 von Ajaccio nach Sartène und die R. N. 851 von Pisciatello (R. N. 196) zum col de Celaccia (R. N. 196). *Am Strassenrand der R.N. 851 kann man beim col de Pila-Canale die Menhirstatue « U Cantonu » sehen.*

Die R. F. 5 führt als einzige Strasse das Taravo-Tal entlang, und zwar von Porto-Pollo nach Zicavo und Cozzano (R. N. 194). *Nicht weit von dieser Strasse, 4 km nach Porto-Pollo, nicht ganz 100 m vom Haus von Favalello, erhebt sich die Menhirstatue « Der Paladin ».*

Die am linken Flussufer durch das untere Taravo-Tal führende D. 57 erreicht man entweder über die R. F. 5 oder über die R. N. 196 (Abzweigung der D. 157 zwischen Olmeto und Propriano) oder auch über den col de Celaccia (R. N. 196) und Sollacaro (R. N. 851).

Das Dorf und die prähistorische Stätte von Filitosa liegen an der D. 57.

◀ Abb. 8 - Die grösste und am besten bewaffnete Menhirstatue der Fundstätte : Filitosa V.

Abb. 9 - Filitosa XII, eine der seltenen Statuen mit skulptiertem Arm, restauriert. Centre de documentation von Filitosa. ▶

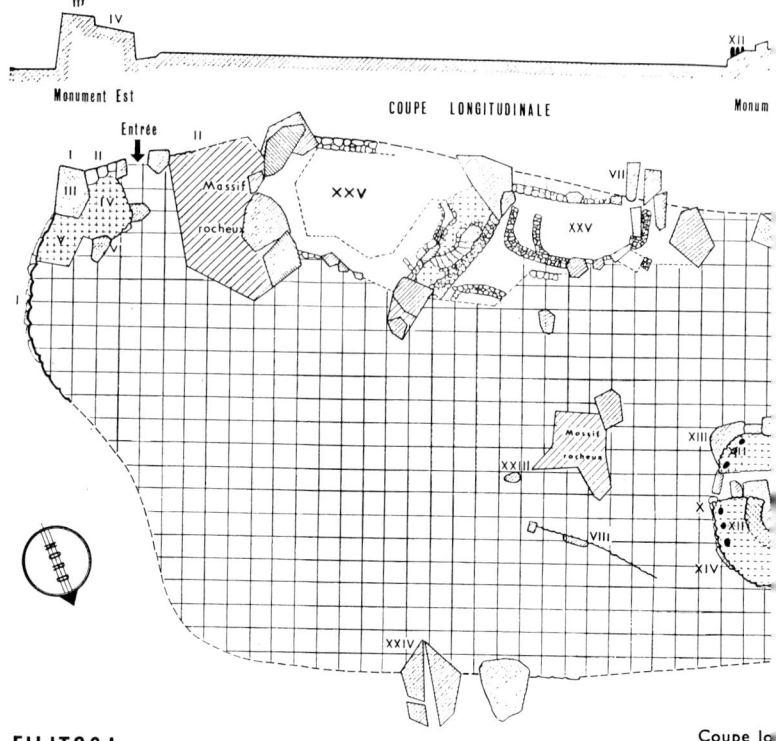

FILITOSA PLAN GÉNÉRAL DU GISEMENT FORTIFIÉ
FOUILLES R.GROSJEAN.
Abb. 10

- I. u. II. Zyklopische Umfassungsmauer, die den Hügel an seiner schmalsten Stelle absperrt.
- III. Felsen mit « Taffoni » (Felslöchern).
- IV. Ost-Monument.
- V. Zugangsrampe zum oberen Teil des Ost-Monuments.
- VI. Felsblock von 15 t, auf Platten stehend und in die Mauer des Ost-Monuments eingebaut.
- VII. Eine der Stellen, an denen Menhire gefunden wurden.
- VIII. Fundament einer Mauer der torreanischen Epoche 3.
- IX. Zentrales torreanisches Kultmonument.
- X. Senkrechter Polierstein mit Doppelmulde, in die Mauer des Zentralmonuments eingefügt.
- XI. Gebrannter Lehmboden der Cella.
- XII. 6 Bruchstücke, Oberteile von Menhirstatuen.
- XIII. 6 Bruchstücke, Mittelteile von Menhirstatuen.

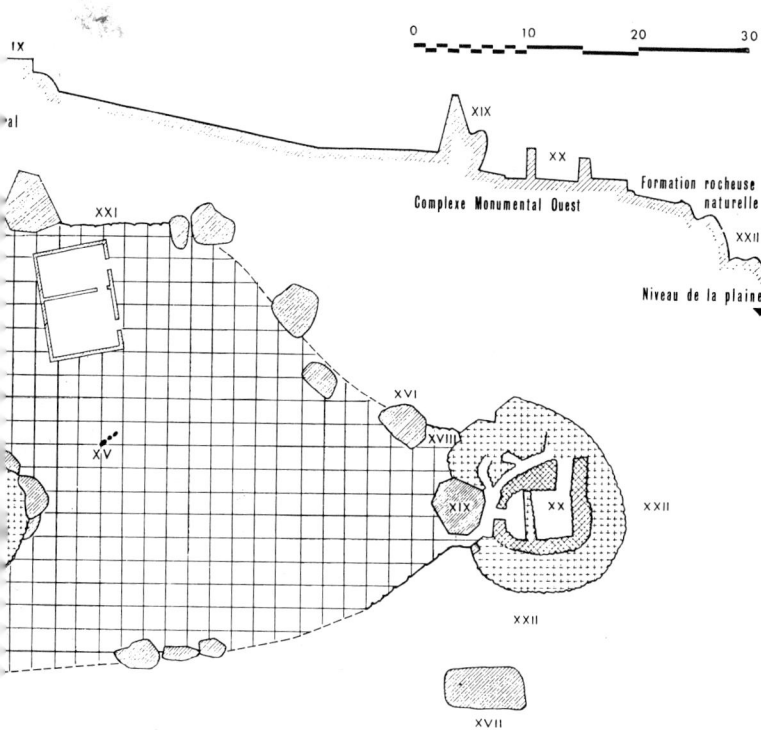

nale : Längsschnitt. — Monument est : Ost-Monument. — Monument central. Zentralmonu-
exe monumental ouest : westl. Monumentkomplex. — Formation rocheuse naturelle : natür-
ände. — Niveau de la plaine : Höhe der Ebene. — Massif rocheux : Felsenmassiv. — Nord :
rée : Eingang. — Plan général du gisement fortifié : allgemeiner Plan der befestigten Fund-
les R. Grosjean : Grabungen R. Grosjean.

XIV. 32 Bruchstücke von wieder verwendeten Menhiren und Menhir-
statuen, die zerstückelt und in die Ringmauer des Zentral-
monuments eingebaut worden waren.
XV. Statue Filitosa VI.
XVI. Felsunterschlupf Nr. 2.
XVII. Felsunterschlupf Nr. 1.
XVIII. Felsblock.
XIX. Westl. Hauptfelsen, an dessen Fuss sich der torreanische Monu-
mentkomplex erhebt.
XX. West-Monument. Einzelheiten auf dem Plan Abb. 19.
XXI. Unterhalb der Hütte ein Teil der ältesten megalithischen oder
neolithischen Mauer.
XXII. Natürliche Felsformationen an den Hängen des Hügels.
XXIII. Felsen mit Umrissen eines menschlichen Gesichts.
XXIV. Flache Felsen mit Vertiefungen.
XXV. Fundamente torreanischer Hütten während ihrer Freilegung.

Abb. 11 - Zyklopische Ringmauer um den Hügel von Filitosa.

BESICHTIGUNG DER FUNDSTÄTTE UND IHRES CENTRE DE DOCUMENTATION (7)

Monumente und archäologische Überreste sind in der Reihenfolge beschrieben, in der sie sich dem Besucher darbieten. Soweit es nötig und möglich ist, wird die Epoche, zu der sie gehören, angegeben sowie durch die entsprechenden Buchstaben oder Ziffern auf die Lagepläne verwiesen (Pläne Abb. 1 u. 10).

Der Weg zur Fundstätte beginnt am Ortsende von Filitosa (Abb. 1). Am Eingang rechts nach dem Wächterhaus (Bar-Restaurant) das Centre de Documentation archéologique, dessen Besuch man sich besser für den Rückweg aufhebt (Beschreibung u. Plan S. 30-31). Vor dem Museum Bruchstücke von Menhirstatuen aus nicht immer alten Mauern!

75 m weiter auf der Anhöhe rechts die Statue Filitosa V (Abb. 8), die in der Nähe der Fundstätte liegend entdeckt worden ist. Mit ihrer Höhe von 3 m, ihrer Breite von 1 m und ihrem Gewicht von mehr als 2 Tonnen ist Filitosa V die zweitgrösste Menhirstatue Korsikas. Die Vorderseite zeigt prächtigen **Waffenschmuck** in Basrelief: ein Langschwert und einen Dolch in seiner verzierten Scheide. Auf der Rückseite anatomische Details oder Teile einer Bekleidung. Das Kopfende scheint vor langen Zeiten abgeschlagen worden zu sein.

Nach 250 m gelangt man zur zyklopischen Ringmauer (II auf Abb. 10, Abb. 11 u. 13). Sie sperrt den Hügel ab, auf dem sich die **Hauptfundstätte (130 m lang, durchschnittlich 40 m breit)** befindet.

Ost-Monument (IV u. Abb. 12 u. 13). Die Anlage erhebt sich am Eingang zur Fundstätte, sie stammt sehr wahrscheinlich aus der torreanischen Epoche 3. Tumulusartiger, von Steinen ein-

---

(7) Es ist ratsam, die Fundstätte von Filitosa am späten Vormittag zu besichtigen, da dann die Beleuchtung für die skulptierten und gravierten Details der Statuen günstig ist.

Abb. 12 - Ost-Monument, Rampe mit eingemauertem Felsblock.

gefasster Rundbau, Bedeutung bis jetzt unklar. Auffallend ist die Zugangsrampe zum oberen Teil (V) sowie ein 15 Tonnen schwerer Felsblock (VI), der an zwei Stellen auf Steinplatten ruht und in das Mauerwerk einbezogen wurde.
Bei Punkt XXIV des Planes kleine Vertiefungen im flachen Felsen. Dem Zentral-Monument gegenüber links ein natürlicher Felsen (XXIII). An seinem oberen Teil eine höchstwahrscheinlich aus der Epoche 2 stammende Skizze eines menschlichen Gesichts: gravierte Augen, Nase und Mund. Rechts Fundament einer Mauer aus der torreanischen Epoche 3 (VIII).

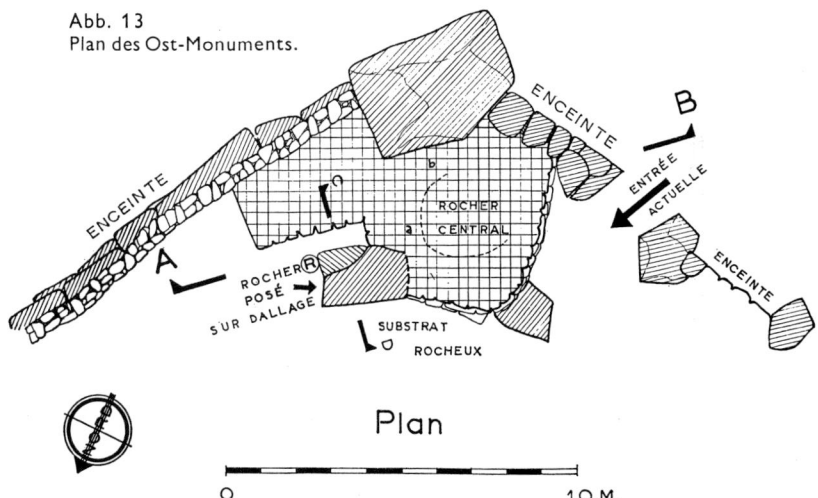

Abb. 13
Plan des Ost-Monuments.

Enceinte : Ringmauer. — R - Rocher posé sur dallage : Felsblock auf Steinplatten. — a, b - Rocher central : Zentraler Felsblock. — Substrat rocheux : Felsenfundament. — Entrée actuelle : jetziger Eingang. — Plan : Plan. — Nord : Norden.

Abb. 14 - Zentral-Monument. Oben, von links nach rechts, die Statuen Filitosa VIII, XI, VII; unten die Fragmente der Statuen 1 bis 6.

Zentral-Monument (IX u. Abb. 14-17). In diesem Monument sind die Epochen 2 und 3 vereint. Aus der Epoche 2 stammen 32 Fragmente von Menhiren und Statuen, die von den Trägern der torreanischen Kultur zu gleichmässigen Bauelementen zerkleinert worden sind. Sämtliche Bruchstücke stammen aus der äusseren Ringmauer oder aus dem Schutt der Fundstätte. Sie wurden möglichst nahe von ihrem Fundort aufgestellt. Von links nach rechts sind die Oberteile folgender Statuen zu besichtigen (XII):

Filitosa VIII (Abb. 4 u. 14), affenartiges Gesicht mit engstehenden Augen.

Filitosa XI (Abb. 14), ziemlich verwittert.

Filitosa VII (Abb. 14), wie die Statue Scalsa-Murta mit senkrechtem, von einem hinter dem Hals verlaufenden Schultergehänge gehaltenem Schwert.

Filitosa IX (Abb. 4 u. 15), ohne allzu viele Details, künstlerisch entwickelte Statue mit den regelmässigsten Gesichtszügen. Deutlich herausgearbeiteter Rücken, der dem von Filitosa VI gleicht.

Filitosa X (Abb. 4 u. 15). Auf der Vorderseite einfache Gravierung, die das Gesichtsoval anzudeuten scheint. Auf der Rückseite sechs Rechtecke zu beiden Seiten der Wirbelsäule, vielleicht schematische Darstellung einer Tunika.

Filitosa XIII (Abb. 5 u. 15). Auf der Vorderseite ausser einem asymetrischen Gesicht mit kräftigem Kinn (Bart?) ein schöner senkrechter Dolch in Basrelief. Auf der Rückseite Darstellung des Schutzpanzers wie bei Scalsa-Murta (Abb. 7).

Weitere Fragmente von Statuen (XIII u. Abb. 14 unten),

Abb. 15 - Zentral-Monument. Von links nach rechts die Statuen Filitosa IX, X, XIII.

vorwiegend Mittelstücke, sind südlich vor dem Monument gegen den Felsen gelehnt. Von links nach rechts :

Fragment 1. Andere Art eines schrägen Dolches über einem Band, das wahrscheinlich einen Gürtel darstellt.

Fragment 2. Eine Gravierung deutet das Oval eines Gesichts an, ähnlich wie bei Filitosa X.

Fragment 3. Über dem Gürtel senkrechte Schwertspitze. Auf der Rückseite eingraviertes Dreieck, vielleicht Lendenschurz ?

Fragment 4. Auf der Rückseite Wirbelsäule und Gürtel.

Fragment 5. Spitze eines Gegenstandes, vielleicht eines Schwerts ?

Fragment 6. Vorderseite mit Schwertklinge, auf der Rückseite Wirbelsäule.

Vor dem Eingang ins Innere der torreanischen Kultstätte rechts im Fundament ein Polierstein mit Doppelmulde (X), der wahrscheinlich der Epochen 1 oder 2 angehört und in der Epoche 3 senkrecht in das Mauerwerk eingefügt wurde. Nach der Überquerung natürlicher Felsen (Abb. 16 u. 17) gelangt man in das Innere des Monuments. In der Mitte der Cella ein Bruchstück des gebrannten Lehmbodens, zu seinem Schutz an den Seiten neu befestigt. Darunter ein Sockel aus Trockensteinen und eine in den Fels gehauene Rinne. Wahrscheinlich handelt es sich um eine Opferstelle für rituelle Feuer oder Bestattungen (Verbrennungen von Opfergaben u.a.), wie sie in den meisten torreanischen Kultmonumenten Korsikas zu finden sind.

Geht man in nördlicher Richtung um das Zentral-Monument, so gelangt man zur ebenfalls zerstückelten Menhirstatue Filitosa VI (XV), von der nur drei Fragmente gefunden wurden. Vorderseite künstlerisch und detailliert dargestellt mit senkrechtem Langschwert. Rückseite gleicht der von Filitosa IX.

Es folgt der mächtige Felsblock (XIX u. Abb. 18 u. 19). der das westliche Ende des Hügels bezeichnet. An seinem Fuss ein bedeutender Monumentkomplex (XX u. Abb. 18 u. 19), von den

Abb. 16 - Zentral-Monument, Kultkammer.

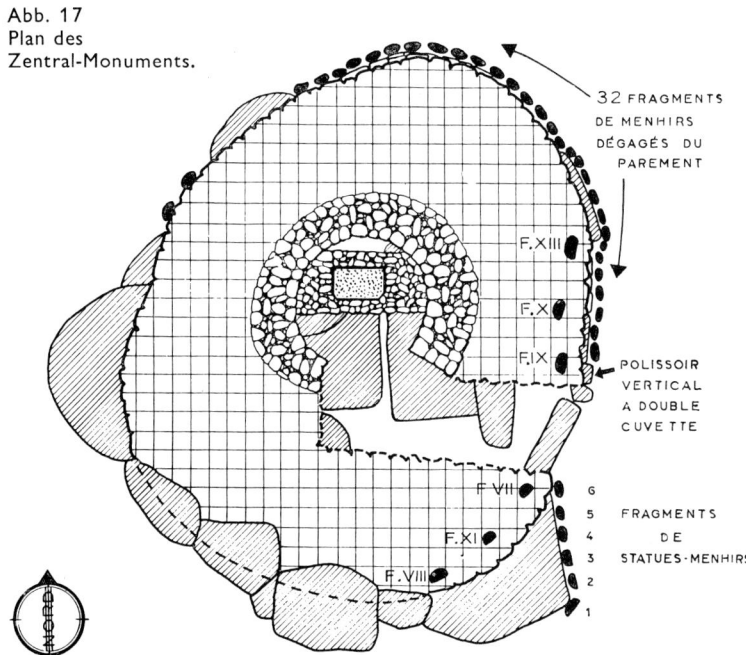

Abb. 17
Plan des
Zentral-Monuments.

32 FRAGMENTS
DE MENHIRS
DÉGAGÉS DU
PAREMENT

POLISSOIR
VERTICAL
A DOUBLE
CUVETTE

FRAGMENTS
DE
STATUES-MENHIRS

32 fragments de menhirs dégagés du parement: 32 Fragmente von Menhiren aus dem Mauerwerk. — Polissoir vertical à double cuvette: Vertikaler Polierstein mit Doppelmulde. — Fragments de statues-menhirs: Fragmente von Menhirstatuen. — Nord: Norden.

Abb. 18 - West-Monument. Eingang am Fuss des grossen Felsens.

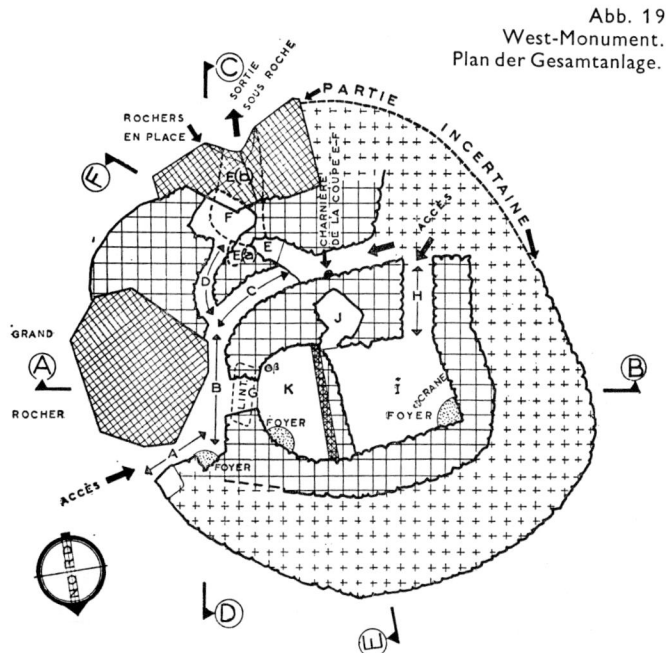

Abb. 19
West-Monument.
Plan der Gesamtanlage.

Rochers en place : Felsenstelle. — Sortie sous roche : Ausgang unter dem Felsen.
— Partie incertaine : nicht bestimmter Teil. — Grand rocher : grosser Felsen.
— Accès : Zugang. — Foyer : Feuerstelle. — Linteau : Türsturz. — Crâne : Schädel.
— Nord : Norden. — E, F - Charnière de la coupe : Schnittachse

23

Trägern der torreanischen Kultur bald nach ihrem Sieg über die Megalithiker errichtet. Vorher eine dolmenartige, nach Süden geöffnete Höhle (XVI) und ein Felsblock (XVIII), der ursprünglich zum Fundament der Umfassungsmauer gehörte.

Westlicher Monument-Komplex (XX u. Abb. 18-22). Eine in zwei Hauptteile gegliederte Anlage, Durchmesser 16-18 m, Fundament aus groben Steinblöcken (Plan Abb. 19). Der eine Teil umfasst die durch den Eingang A und den Hauptgang B erreichbaren südlichen Anbauten. Sie bestehen auf der einen Seite aus dem Nebengang C, dem mit Platten überdachten Gang D (Abb. 21) und der Felsenhöhle F, auf der anderen Seite aus dem Brunnen E, dem Verschlag Ea und der nach aussen geöffneten Kammer Eb, die durch die ringsum verlaufende Bankette abgeteilt sind.

Der andere, eigentliche Hauptteil der Anlage besteht aus dem Mittelbau mit der östlichen Kammer K, die durch den Gang B und den unter einem Felsensturz gelegenen Eingang G zugänglich ist. Sie war ursprünglich mit Steinen angefüllt und dann von aussen bei G durch eine Quermauer der Kammer I zugemauert worden. Auf ihrem verbrannten Boden fanden sich lediglich Spuren einer Feuerstelle und ein konischer Stein in der Art eines Baitylos (β Abb. 19). Wahrscheinlich war die Kammer aus rituellen Gründen zugemauert worden. An der Südseite des Monuments gelangt man über eine Plattform auf gleicher Höhe wie die Bankette durch den Gang H in den Teil I der Cella, deren Boden ebenfalls starke Feuerspuren zeigt. Sie ist wahrscheinlich um 1200 v. Chr. zum letztenmal benützt worden. Unter dem aus Steinen und Erde bestehenden Schutt, der das Innere des Monuments ausfüllte und vom Einsturz der Decke stammte, kamen die Reste eines einzelnen menschlichen Schädels zutage. Neben der Trennungsmauer unter einem Türsturz der Zugang zur unterirdischen, ausgehauenen Höhle J (Abb. 20).

Die archäologischen Feststellungen, die komplizierte Architektur und das gefundene Siedlungsinventar lassen darauf schliessen, dass es sich bei dieser Anlage wie bei den übrigen

Abb. 20 - West-Monument. Die beiden Teile der zentralen Kammer; im Vordergrund der Eingang zur Höhle J.

Abb. 21 - West-Monument. Gang B; rechts Eingang der Kammer K; im Hintergrund Zugang zum Seitengang D.

Abb. 22 - Aussenansicht des West-Monuments. Erhöhte Plattform und Fundament der ursprünglich gewölbten Decke.

Torre um eine Kultstätte oder ein religiöses Bauwerk handelt, das kaum als dauernde Wohnstätte, sondern höchstens gelegentlich zur kollektiven Verteidigung gedient haben mag.

Der Abstieg über die natürlichen Felsengebilde (**XXII**) führt hinter dem nach Norden geöffneten Felsunterschlupf vorbei (**XVII**), der im Laufe der verschiedenen Besiedlungen der Anhöhe abwechselnd als Wohn- oder Grabstätte benützt wurde.

Um zu den fünf im Tal aufgestellten Statuen zu gelangen, muss man den Barcajolo-Bach überqueren (Plan Abb. 1). Es sind die ersten in Filitosa entdeckten Statuen. Sie lagen über eine Fläche von zehn Hektar verstreut und wurden dann, auf ihren Fundort ausgerichtet, dem Hügel gegenüber an ihrem jetzigen Platz aufgestellt, damit man sie leichter besichtigen und untersuchen kann. Von links nach rechts Filitosa III (Abb. 24) und Filitosa IV (Abb. 25), jede mit schrägem Dolch. In der Mitte Filitosa I mit querliegendem Schwert ; dann Tappa I (Abb. 23), sehr eigenartig durch den tief eingemeisselten Hals, der den Kopf mit dem Gesichtsoval vom Rumpf abhebt. Auf der Rückseite als einzige Skulptur die Darstellung des Nackens oder Helmes. Schliesslich Filitosa II, verwittert, aber mit erkennbarem Gesicht und Rückendetails, z.B. gekrümmter Wirbelsäule.

Auf dem Rückweg zur Fundstätte kommt man an dem kleinen Haus vorbei, das ein Hirte im letzten Jahrhundert errichtet hat. Er verwendete dazu sowohl Geröllsteine, als auch torreanische Elemente, Fragmente von Menhiren und Statuen, die er reichlich zur Hand hatte und mit denen er die Mauern schmückte. Dieser unfreiwillige Bilderstürmer ahnte nicht, das er das gleiche tat,

◀ Abb. 23
Filitosa,
Menhirstatue
Tappa I.

Abb. 24
Menhirstatue ▶
Filitosa III.

Abb. 25 - Menhirstatue Filitosa IV.

was die Torreaner an der selben Stelle vor sehr langen Zeiten zur Entweihung der Kultstätte getan hatten.

Zum Abschluss der Besichtigung kann man bei XXI auf begrenztem Raum die Schichtung der behauenen Steinblöcke beobachten, die die äussere Ringmauer des Hügels bilden.

Bei XXV Grundmauern der torreanischen Hütten aus der Endphase (Abb. 26 u. 27). Sie überragen ältere archäologische Schichten, die augenblicklich zum Schutz mit Erde bedeckt sind. Diese Schichten gehören vor allem den Epochen 1 und 2 an, in denen Fundamente selten sind. Das ist wohl dadurch zu erklären, dass die Anhöhe in der Epoche 1 des Neolithikums nicht ständig bewohnt und während der Epoche 2 der megalithischen Kultur ausschliesslich dem Kultdienst vorbehalten war. Erst seit der torreanischen Epoche 3 erscheinen die Wohnbauten, die bis in die ersten Jahrhunderte des 1. Jahrtausends v. Chr. benützt wurden.

Unweit der Hütten in süd-östlicher Richtung der Felsunterschlupf, in dessen untersten Schichten charakteristische Keramik des frühen mediterranen Neolithikums und somit die Spuren der ältesten Besiedlungen von Filitosa gefunden wurden. Diese Keramik ist mit dem gezahnten Rand von Muschelschalen, vor allem der Herzmuschel (cardium) graviert und wird auf 6000-5000 v. Chr. datiert.

Vor der Rückkehr in den Ort kann sich der Besucher in dem der Öffentlichkeit zugänglichen Teil des Centre de documentation archéologique eingehender über die Fundstätte informieren. Vor dem Museum eine Sammlung von Mahlsteinen und Mörsern

Abb. 26 - Filitosa. Freigelegte Fundamente torreanischer Hütten.

Abb. 27 - Filitosa. Wohnbereich mit Spuren aus den verschiedenen Schichten der wichtigsten vor und frühgeschichtlichen Kulturen Filitosas und anderer Fundstätten der Insel.

Abb. 28 - Kopf der Menhirstatue Tappa II im Centre de documentation von Filitosa.

aus allen Epochen. Im Innern des Museums die durch Hinweise und Erläuterungen ergänzte Beschreibung des Planes (Abb. 29). Sie hilft dem Besucher, sowohl das Alltagsleben, als auch die Bräuche und Religionen all der bisweilen sehr verschiedenen Menschen, die einander auf Filitosa abgelöst haben, näher kennenzulernen.

Von den drei ausgestellten restaurierten Menhirstatuen (1, 9 u. 13, Plan Abb. 29) gehört Scalsa-Murta zu den typischsten Bildwerken der Insel, die zur Identifizierung der bewaffneten korsischen Menhirstatuen mit den Torreanern geführt haben. An ihrem Kopf sind über den Schläfen kleine Vertiefungen sichtbar, in die als Symbol des Helmschmucks Hörner gesteckt werden konnten. Diese beiden Vertiefungen sowie die zahlreichen, für die Shardanen charakteristischen Details der Statue Scalsa-Murta (rippenartiger Brustharnisch, Schwertgriff, Schulter-Wehrgehänge, usw.) bestärkten die Annahme, dass es sich bei den bewaffneten korsischen Menhirstatuen um die Darstellung torreanisch-shardanischer Krieger handelt.

Filitosa XII (Abb. 9), als Bruchstück gefunden, war der Länge nach gespalten und für die beiden Eingänge der auf der Fundstätte errichteten Hirtenhütte als Türsturz verwendet worden. Auffallend ist die seltene Darstellung von Armen und Händen. Tappa II (Abb. 28), deren Kopf in archaischem Stil behauen ist, bezeugt wie so viele andere monumentale Kunstwerke der Insel, mit welchen Schwierigkeiten der megalithische Bildhauer zu kämpfen hatte. Lange, geduldig und mit religiöser Hingabe bearbeitete er einen Stein, der die Härte selbst ist: den Granit. Zum Steineklopfen verwendete er einen Kiesel, zum Behauen dienten ihm Werkzeuge aus Quarz als Meissel oder Spitzhammer, zum Schleifen, Glätten und Vollenden nahm er Sand. So gelang es ihm, mit seinem Glauben die technischen Schwierigkeiten zu überwinden und Bildwerke zu schaffen, welche die Zeit überdauerten.

Auszüge aus der Bibliographie über Filitosa

GROSJEAN R. — Les statues-menhirs de Corse I, *Études Corses*, fasc. 7-8 (1955).
— La station de Filitosa, *Bulletin de la Société Préhistorique Française*, t. LIII, fasc. 9 (1956).
— Les statues-menhirs de Corse II, *Études Corses*, fasc. 12 (1956).
— L'évolution culturelle et artistique du Mégalithique corse, *Actes du XVI* Congrès Préhistorique de France*, Monaco (1959).
— La civilisation des constructeurs de Torre, *Actes du XVI* Congrès Préhistorique de France*, Monaco (1959)
— Filitosa et son contexte archéologique, *Monuments et Mémoires de la Fondation E. Piot*, t. 52, fasc. 1 (publication de l'Académie des Inscriptions et Belles-Lettres aux Presses Universitaires de France) (1961).
— Les armes portées par les statues-menhirs de Corse, *Revue Archéologique*, II (1962).
— Chronique d'archéologie préhistorique VII, *Corse Historique*, fasc. 8 (1962).
— La civilisation torréenne de l'Age du Bronze en Corse, *Actes du VI* Congrès International des Sciences Pré- et Protohistoriques*, Rome (1965).
— *La Corse avant l'Histoire*, Ed. Klincksieck, Paris (1966).

ATZENI E. — L'abri sous roche D' du village préhistorique de Filitosa, *Actes du XVIII* Congrès Préhistorique de France*, Ajaccio (1966).

LILLIU G. — Rapports entre la culture torréenne et les aspects culturels pré- et protonuragiques de la Sardaigne, *Actes du XVIII* Congrès Préhistorique de France*, Ajaccio (1966).

GROSJEAN R. — Classification du Mégalithique corse. Typologie et morphologie des menhirs et des statues-menhirs de l'île, *Bulletin de la Société Préhistorique Française*, t. LXIV, fasc. 3 (1967).
— Diorama de la civilisation torréenne corse, *Mélanges d'Études Corses*, Publications Universitaires de Lettres et Sciences Humaines d'Aix-en-Provence (1971).
— Chapitres *Préhistoire et Protohistoire, Histoire de la Corse*, Ed. Privat, Toulouse (1971).
— Destination et utilisation primaires des Nuraghi, Talaiots, Torre (Sardaigne, Baléares, Corse), *Actes du VIII* Congrès International des Sciences Pré- et Protohistoriques*, Belgrade (1971).

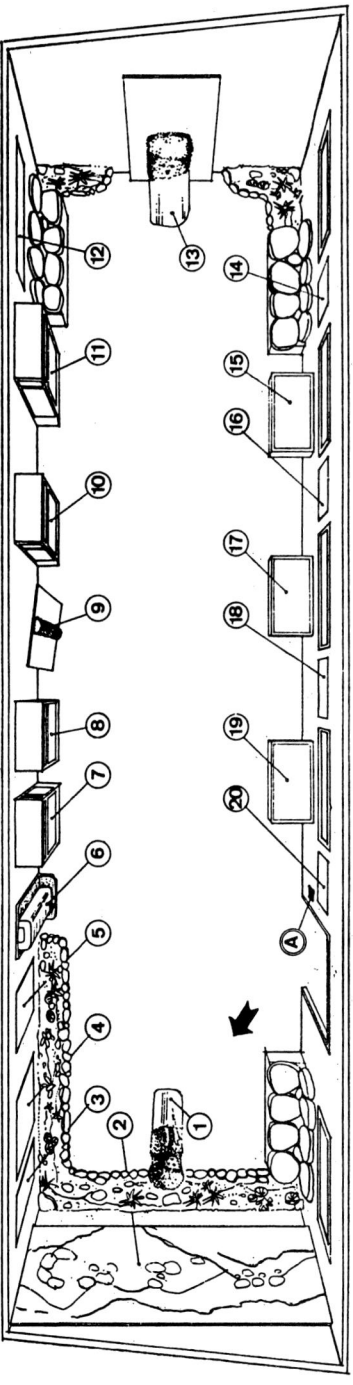

Abb. 29 — Plan des Centre de documentation archéologique von Filitosa (gez. von J. Deguilhen).

A. Lichtschalter zur Saalbeleuchtung.
1. Die restaurierte Menhirstatue Scalsa-Murta.
2. Luftbild der archäologischen Fundstätte von Filitosa.
3. Einführender Text zu einigen Grundgedanken über die Torreaner-Shardanen.
4. Zum Vergleich einer der von den Ägyptern dargestellten Shardanen.
5. Geschichtliche und chronologische Rückschau über Filitosa.
6. Stratigraphische Säule mit Darstellung der Siedlungsschichten der Fundstätte.
7. Vitrine mit Überresten aus der Schichte 1. Von oben nach unten : Mittelalter, Korsisch-römische Zeit, Eisenzeit.
8. Vitrine mit Resten der Schichten 2 und 3 : torreanische Überlieferungen und italische Zuströme. Torreanische Endphase.
9. Die restaurierte Menhirstatue Filitosa XII.
10. Vitrine mit Resten der Schichten 4 und 5 : die torreanische Kultur seit ihrem Beginn in Filitosa.
11. Vitrine mit Überblick über charakteristische Techniken, Industrie und Siedlungsinventar der torreanischen Kultur in Filitosa.
12. Dokumentarische Zusammenstellung der einzelnen Etappen während der Freilegung der Menhirstatue Filitosa XIII.
13. Die restaurierte Menhirstatue Tappa II.
14. Ansicht eines Teiles des torreanischen Wohnbereichs und der früheren neolithischen Besiedlungen.
15. Vitrine mit Überblick über charakteristische Techniken, Industrie und Siedlingsinventar des korsischen Neolithikums in Filitosa.
16. Fotografie des Querschnitts der Fundstätte : 8 Siedlungsschichten, 2,30 m hoch, die sich über einen Zeitraum von sechs Jahrtausenden erstrecken.
17. Vitrine mit Überresten aus den Schichten 6 und 7 : Endphase des Neolithikums mit der künstlerischen Megalithkultur der Menhirstatuen und spätes Neolithikum.
18. Ansicht übereinandergelagerter, typisch torreanischer Bauten aus mehreren Siedlungsphasen.
19. Vitrine mit Resten der Schichte 8 : Frühes Neolithikum, Beginn der menschlichen Niederlassung in Filitosa.
20. Die bei Nacht beleuchtete Menhirstatue Filitosa VIII.